# EQUES VIRIDIS:
# TRES
# CHARTULAE

## EQUES VIRIDIS
## VOL. I

### A LATIN NOVELLA
### BY ANDREW OLIMPI

*Comprehensible Classics #15*

Comprehensible Classics
Press
Dacula, GA

*Eques Viridis: Tres Chartulae*

Series: Comprehensible Classics #15

Comprehensible Classics Press
Dacula, GA

First Edition: August 2020

Cover design and illustration by Andrew Olimpi

Text and illustrations © 2020 by Andrew Olimpi

ISBN: 9798656203074

tale a me tibi super hoc traditur consilium: ut
per rivolus, et non statim in mare, eligas
introire; quia per facilia ad difficilia oportet
devenire

*"Concerning this I hand over to you this plan of study:
that you chose to enter through a little stream, and not
immediately plunge into the ocean; because it is necessary
to arrive at the difficult places through easy paths."*

St. Thomas Aquinas
letter to Brother John
*"de modo studiendi"*

**ABOUT THE SERIES:**

*Comprehensible Classics* is a series of Latin novels for beginning and intermediate learners of Latin. The books are especially designed for use in a Latin classroom which focuses on communication and Comprehensible Input (rather than traditional grammar-based instruction). However, they certainly are useful in any Latin classroom, and could even provide independent learners of Latin interesting and highly readable material for self-study.

**LEVEL A: Beginner**
*Ego, Polyphemus*
*Lars Romam Odit*
*Mercurius Infans Mirabilis*
*Aulus Anser*
*Ubi Mors Habitat*

**LEVEL B: Advanced Beginner**
The *Familia Mala* Trilogy:
    *Familia Mala: Iuppiter et Saturnus*
    *Duo Fratres: Familia Mala Vol. II*
    *Pandora: Familia Mala Vol. III*
*Labyrinthus*
*Clodia*
*Ursus Nomine Vinnius (forthcoming)*

**LEVEL C: Low Intermediate**
The *Io Puella Fortis* Series
      Vol. I: *Io et Tabellae Magicae*
      Vol. II: *Io et Monstrum Horrificum*
*Via Periculosa*
*Idus Martias*

**LEVEL D: High Intermediate**
*Puer Ex Seripho* Series:
    Vol. I: *Perseus et Rex Malus*
    Vol II. *Perseus et Medusa*
*Vox in Tenebris*
*Eques Viridis* Series
      Vol. I: *Eques Viridis: Tres Chartulae*
      Vol. II. *Eques Viridis: Castellum Malum (forthcoming)*
*Filia Regis et Monstrum Horribile*

**LEVEL E: Advanced (Tiered Readers)**
*Daedalus et Icarus: A Tiered Latin Reader*
*Reckless Love: The Story of Pyramus and Thisbe*
*The Mysterious Traveler: A Medieval Play about St.*
        *Nicholas: A Tiered Reader*
*Daphne et Apollo: A Tiered Latin Reader (forthcoming)*
:

## Preface

Note: The following novella is unusual in that it is not based on Classical myth or literature, but *Gawain and the Green Knight*, a rather lengthy 14th Century poem, written in Middle English. The poem is a personal favorite of mine, and the concept of a novella based on this source material has been one that I have been mulling over for several years. It would be an enormous understatement to say that my version takes liberties with the original story. I have taken several key events from the original plot and adapted them into an original story. I have, however, attempted to retain the atmosphere of mystery and wonder that the original work possesses, and that first captured my imagination many years ago.

I decided to publish the novella first in two volumes for the sake of convenience. As a rule, I try to keep the length of my novellas below one hundred pages (if possible), and the early manuscript of *Eques Viridis* ended up being twice that length. Also, the story itself divided neatly into two narratively and stylistically satisfying halves—though I do hope that the conclusion of the first volume leaves the reader eager to read the conclusion.

I wanted to thank the following people who read my early drafts of this novella and provided invaluable feedback and suggestions: Robert Amstutz, Danja Mahoney, Séverine Tarantino, Walter Young, and Rachel Beth Cunning. As this book is print on demand, if you find any typos or any other errors in this book (or if you have any questions or comments in general), please feel free to contact me through my blog www.comprehensibleclassics.wordpress.com.

Andrew Olimpi
Summer 2020
Dacula, GA

## About the Author

Andrew Olimpi lives in Dacula, Georgia with his beautiful and talented wife, Rebekah and his son (and future Classics scholar) Ransom. When he is not writing and illustrating books, Andrew teaches Latin in Dacula, Georgia. He holds a master's degree in Latin from the University of Georgia, and currently is working on a PhD in Latin and Roman Studies at the University of Florida. He is the creator of the Comprehensible Classics series of Latin novellas aimed at beginner and intermediate readers of Latin.

# PARS
# PRIMA

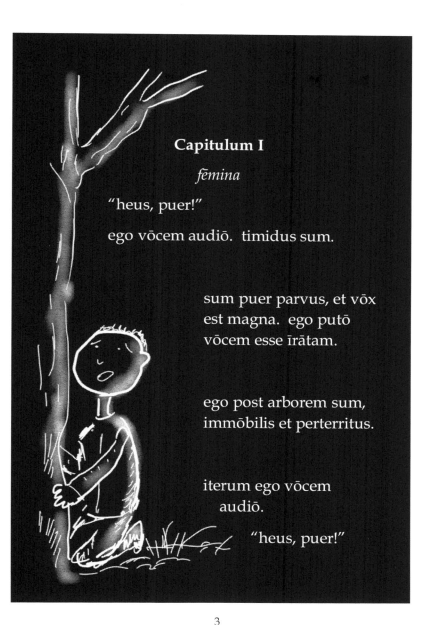

### Capitulum I

*fēmina*

"heus, puer!"

ego vōcem audiō. timidus sum.

sum puer parvus, et vōx
est magna. ego putō
vōcem esse īrātam.

ego post arborem sum,
immōbilis et perterritus.

iterum ego vōcem
audiō.

"heus, puer!"

*ēheu! fēmina mē videt et īrāta est!*

fēmina multōs **pullōs**[1] habet.

domus fēminae
nōn est longē ab
domō meā.

hodiē ego audīvī pullōs et volēbam
eōs spectāre. pullī mihi placent! post
arborem ego pullōs spectābam. ego nōn
putābam fēminam vidēre mē spectantem
pullōs.

---

[1] pullos: *chickens*

"puer! venī hūc!" clāmat fēmina.

ego timeō nē fēmina sit īrāta!

"ego sciō tē esse post arborem," clāmat fēmina, "ego sciō tē spectāre pullōs meōs. nōn sum īrāta."

manūs meae tremunt.

fēmina dīxit sē nōn esse īrātam. possumne credere fēminae?

prope mē in terrā sunt multī pullī.

pullī sōnōs laetōs faciunt et cibum in terrā **petunt**.[2] pullī fēminam nōn timent.

---

[2] petunt: *seek, go after*

subitō manus mē capit! est fēmina!

volō fugere ab manū fēminae, sed manus fēminae est fortis. timidus ego clāmō! magnā vōce clāmō:

"ēheu! ego volō spectāre pullōs tuōs! nōlō pullōs capere! sum innocēns!"

clāmō et clāmō! nunc ego fēminam videō.

ecce fēmina.

fēmina nōn est īrāta. ego putō fēminam esse pulchram …

deinde ego oculōs fēminae videō.

ūnus oculus fēminae est albus.

nōn est **pūpilla**[3] in mediō oculō! tōtus oculus est colōre **albō**![4]

fēmina: "venī, ō puer. sciō tē esse innocentem! nōlī timēre. amīca sum."

vōx fēminae est bona et amīca, nōn horrifica.

---

[3] pupilla: *a pupil (of the eye)*
[4] albo: *white*

fēmina iānuam
domī aperit.

"intrā domum meam, ō puer. tū es puer
fortis! nōlī timēre."

ego fēminae nōn resistō. cūriōsus ego
domum fēminae īnspectō. domus fēminae
est parva. in domō multae candēlae videō.

fēmina: "cūr tū nōn intrās domum
meam? nōnne tū es puer fortis! **nōnne**[5] tū
nōn timēs intrāre domum amīcae!"

ego timeō, sed nōlō fēminam scīre mē
esse timidum. volō fēminam pulchram
putāre mē esse fortem!

"sum fortis! nōn timeō,
ō fēmina" ego
confidenter clāmō, et
domum intrō.

---

[5] nonne: *surely* ...

domus est parva et mala. tōta domus
est ūnum **conclāve**.[6]

in mediō conclāvī sunt mēnsa
et duae sellae.

fēmina "**cōnsīde**,[7] ō Galvīne," inquit.

**hōc audītō**,[8] attonitus sum!

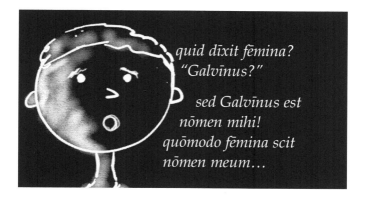

quid dīxit fēmina?
"Galvīnus?"

sed Galvīnus est
nōmen mihi!
quōmodo fēmina scit
nōmen meum...

---

[6] conclave: *room*
[7] conside: *sit down*
[8] hoc audito: *having heard this, with this having been heard*

9

## Capitulum II

*trēs chartulae*

fēmina ūnam sellam capit.

"cōnsīde."

nōn possum fēminae resistere.
cōnfūsus, ego in sellā cōnsīdō. mēnsam et
conclāve investīgō. ubīque sunt multae
candēlae.

candēlae conclāve
illūminant.

in mediā mēnsā est
arca parva.

fēmina in sellā alterā cōnsīdit, et
arcam aperit. arcā apertā, fēmina extrahit
multās **chartulās**.[9]

fēmina ūnam chartulam in mēnsā pōnit.
in chartulā est pictūra. ego cūriōsus
pictūram īnspectō.

---

[9] chartulas: *cards*

In pictūrā est vir.

vir est mīrābilis, quī ūnum caput habet, sed duo **vultūs**[10] habet in ūnō capite!

sub pictūrā scrīptum est:

*deus Iānus*

ego inquam: "ō fēmina, quid **significat**[11] haec pictūra?"

fēmina inquit: "sum prophēta. pictūrae nārrant ēventūs futūrōs. haec pictūra significat: tū vīsitābis terram alienam."

fēmina alteram chartulam in mēnsā pōnit.

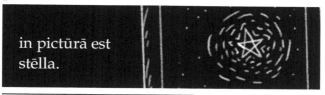

in pictūrā est stēlla.

---

[10] vultus: *faces*
[11] significat: *means, signifies*

stēlla nōn est in caelō, sed sub terrā.

ego cūriōsus inquam:

"quid significat stēlla in pictūrā?"

fēmina respondet: "haec stēlla tē dēfendet."

fēmina tertiam chartulam in mēnsā pōnit.

in pictūrā est fēmina.

fēmina est sōla, et trīstis, captīva in castellō magnō.

ego pictūram tertiam videō et attonitus sum.  in pictūrā vultus fēminae est pulcher, sed oculī fēminae sunt trīstēs.

"quid significat," inquam, "tertia pictūra?"

"**captīvitās,**[12]" respondet fēmina, "et victōria."

fēmina aliquid in mēnsā pōnit prope trēs chartulās. est magnum et metallicum.

est gladius.

multae pictūrae
in gladiō sunt.
in pictūrīs sunt
multī flōrēs
et arborēs pulchrae.

---

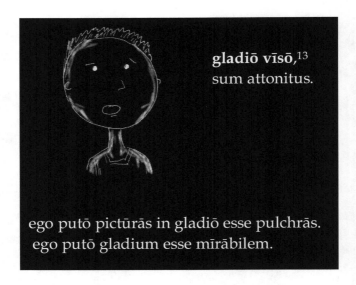

**gladiō vīsō,**[13] sum attonitus.

ego putō pictūrās in gladiō esse pulchrās.
ego putō gladium esse mīrābilem.

fēmina ūnō oculō mē spectat. ego sum immōbilis. ego nōn crēdō fēminam esse prophētam.

*ēventūs futūrī nōn sunt in chartulae! est rīdiculum!*

subitō fēmina ūnam manum extendit...

---

[13] gladio viso: *with the sword having been seen; when I saw the sword*

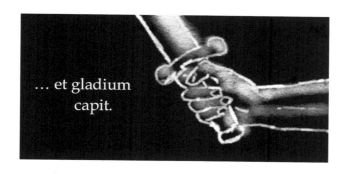

... et gladium capit.

gladiō captō, "ō Galvīne," inquit fēmina, "extende manum."

# CAPITULUM III

*pullus*

"nōlō . . ." ego inquam, "nōlō . . ."

ego timeō manum meam extendere.

"extende manum, ō Galvīne." fēmina inquit.

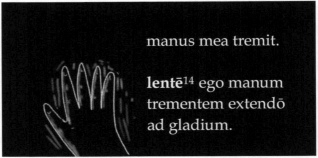

---

[14] lente: *slowly*

lentē ego gladium capiō. gladius est metallicus et … **gravis**.[15] manus mea est parva. difficile est mihi gladium capere.

fēmina iterum iānuam aperit et per iānuam exit. ego sum timidus.

manus mea et gladius tremunt. ego gladium timeō. timidus ego ex domō exeō.

ego et fēmina sunt in **āream**[16] magnam prope domum.

in āreā multī pullī currunt et sōnōs faciunt et cibum **petunt**.[17]

pullī sunt magnīs corporibus et multīs colōribus

---

[15] gravis: *heavy*
[16] aream: *courtyard, area*
[17] petunt: *seek, look for*

fēmina ūnum ex magnīs pullīs capit.

pullō captō,
"ecce pullus"
fēmina inquit.

pullus in manū fēminae est īrātus.
pullus **cōnātur**[18] fugere ab manū fēminae,
sed nōn potest.  manus fēminae est fortis.

"ecce pullus **vīvit**.[19]" fēmina inquit.

ego cūriōsus sum.  ego videō pullum
vīvere.

pullus sōnum magnum
facit et fugere cōnātur.

*cūr fēmina mihi dīxit pullum vīvere?*

---

[18] conatur: *tries, attempts*
[19] vivit: *lives, is alive*

fēmina: "ō Galvīne, ego videō
ēventum futūrum.  ēventus futūrus est
mīrābilis …et horribilis.

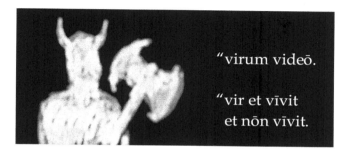

"virum videō.

"vir et vīvit
et nōn vīvit.

"vir mortuus est … et nōn mortuus."

hōc audītō, cōnfūsus sum.  in futūrō
erit vir quī vīvit et nōn vīvit? impossibile est.
ego putō fēminam esse īnsānam.

in mediā āreā est saxum magnum.

manū firmā fēmina pōnit pullum in saxō. ūna manus est in corpore pullī, et altera manus est in capite pullī.

**inter**[20] manūs fēminae ego videō **collum**[21] pullī.

collum pullī est longum. pullus est īrātus.

"**gladiō percute**[22] collum pullī, ō Galvīne," inquit fēmina.

gladius est gravis in manū meā.

nōlō collum pullī percutere!

---

[20] inter: *between*
[21] collum: *neck*
[22] gladio percute: *hit with a sword*

nōlō pullum interficere. pullus vīvit!
pullus multīs colōribus est! pullus fugere
**cōnātur!**[23] pullus vult vīvere!

"ō Galvīne!" fēmina īrāta inquit.
"percute pullum!"

nōlō pullum percutere. volō resistere
verbīs fēminae.

subitō fēmina mē capit!

manus fēminae est fortis!

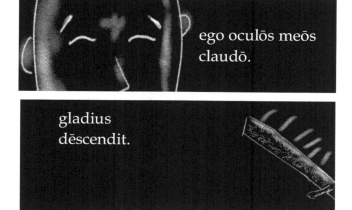

ego oculōs meōs claudō.

gladius dēscendit.

---

[23] conatur: *tries, attempts*

sōnum horribilem audiō. gladius saxum percutit et ad terram cadit.

est silentium longum. pullus sōnum nōn facit. ego ūnum oculum aperiō, deinde alterum. ānxius sum!

ego caput pullī in terrā videō.

est sanguis ubīque in terrā et in saxō. in capite pullī est sanguis. in corpore pullī est sanguis. sanguine vīsō, stomachus **mē dolet**.[24]

"ō horrōrem!" ego clāmō. "ō fēmina, tū ... tū ... manum meam cēpistī! pullus erat innocēns. ego nolēbam pullum innocentem interficere..."

---

[24] me dolet: *hurts me, pains me; "my stomach hurts"*

subitō ego videō … mīrāculum.
fēmina corpus pullī in terrā pōnit…

… et pullus
currit!

pullus caput
nōn habet!

corpus pullī currit et currit.  sōnum
nōn facit, quia caput est in terrā!

ego attonitus spectō.

"pullus vīvit," ego inquam, "et nōn
vīvit.  mortuus est … et nōn mortuus est!"

ego caput pullī in terrā
videō.
oculus pullī est
apertus …

oculus pullī
mē spectat. . .

… et mē accūsat!

"ō pullum miserābilem!" ego clāmō: "ego tē nōn interfēcī! fēmina manum meam cēpit! ō fēmina, cūr tū interfēcistī pullum?!"

fēmina nōn respondet. fēminam nōn videō. nesciō ubi fēmina sit.

ego āream īnspectō. fēminam nōn videō. caput pullī in terrā nōn videō. pullōs nōn videō. domum nōn videō! solus sum in āreā magnā!

ānxius sum! ubi est fēmina? ubi est domus?

in saxō sunt trēs chartulae.

sanguis pullī est in chartulīs.

ego chartulās capiō …

... et fugiō.

# PARS ALTERA

---

*LUDUS MALUS*

# CAPITULUM IV

*convīvium*

sunt duae
iānuae magnae.

iānuae sunt
clausae.

ego ad iānuās **stō**.[25]  nōlō iānuās
aperīre.  post iānuās mūsicam et vōcēs
audiō.

nōn iam sum puer.

nōn iam sum
parvus et timidus.

---

[25] sto: *I stand*

ego sōnōs audiō. est convīvium.

est mēnsis December, et hodiē omnēs
**diem fēstum**[27] celebrant. est **convīvium**[28]
magnum. multī hominēs gaudent et lūdunt.

nōlō diem fēstum celebrāre. sum
eques. volō pugnāre **in**[29] equitēs malōs.

---

[26] eques: *a knight*
[27] diem festum: *holiday, festival day*
[28] convivium: *a party, a feast*
[29] in: *against*

ego volō dēfendere rēgem meum.
nōlō mūsicam audīre. nōlō celebrāre. nōlō
gaudēre.

mihi nōn placent convīvia. sed
invītātus sum. **avunculus**[30] meus invītāvit
mē ad convīvium.

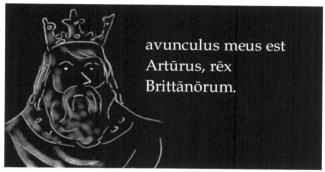

avunculus meus est
Artūrus, rēx
Brittānōrum.

ego rēgī Artūrō **serviō**[31] et sum eques
bonus. ego manum ad iānuās extendō et
iānuās aperiō.

rapidē ego intrō et ad mēnsam currō.
in convīviō sunt multī equitēs et fēminae.

omnēs equitēs et
fēminae gaudent.

---

[30] avunculus: *uncle*
[31] servio: *(I) serve*

omnēs mē nōn vident. rēx Artūrus in mediō convīviō est. ad mēnsam magnam sedet, **vīnum bibēns**[32] et gaudēns.

ego sōlus sedeō ...

... et īrātus omnia spectō.

est tempus **cēnandī**.[33] ad multās mēnsās sedent equitēs et fēminae. omnēs gaudent et **cēnam**[34] bonam et magnam exspectant. ego cēnam exspectō. impatiēns sum, quia cibum volō!

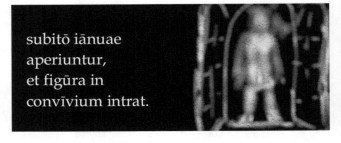

subitō iānuae aperiuntur, et figūra in convīvium intrat.

---

[32] vinum bibens: *drinking wine*
[33] ad cenandum: *to eat, to dine*
[34] cenam: *dinner*

multī convīvae, figūrā **vīsā**,[35]
gaudent, quia putant figūram cēnam
**afferre**[36] ad convīvium.

    *ecce aliquis cēnam affert!* ego putō.

    rēx Artūrus autem, figūrā visā, nōn
gaudet. hic vir cēnam nōn affert.

hic vir **magnae statūrae**[37] est.

vir māiōris statūrae est quam maximus eques in Britanniā!

    "nōn est vir," ego putō attonitus, "et
nōn est eques. est **gigās**![38] rēx Artūrus
gigantem ad convīvium invītāvit?"

    figūra magnae statūrae in medium
convīvium it. omnēs cūriōsī eam spectant.

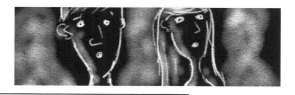

---

[35] visa: *having been seen, "having seen the figure"*
[36] afferre: *to bring*
[37] magnae staturae: *of great stature, very tall*
[38] gigas: *a giant*

est silentium. omnēs nesciunt quis hic gigās sit. omnēs nesciunt cūr gigās horrificus vēnerit ad convīvium!

caput et corpus virī est colōre **viridī**.[39]

**capillī**[40] gigantis sunt viridī colōre.

vestēs virī sunt colōre viridī.

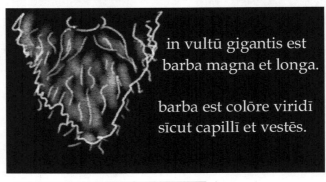

in vultū gigantis est barba magna et longa.

barba est colōre viridī sīcut capillī et vestēs.

---

[39] viridi: *green*
[40] capilli: *hair*

omnēs sunt attonitī.

"color vestium virī est similis arborī"

"statūra virī est similis arborī"

"nōn est vir! est gigās! est mōnstrum!"

multī equitēs ad rēgem Artūrum rapidē currunt ut rēgem dēfendant.

in manibus equitum sunt gladiī magnī.

subitō gigās vōce magnā et
**profundā**[41] loquitur. omnēs vōcem gigantis
audiunt … et timent!

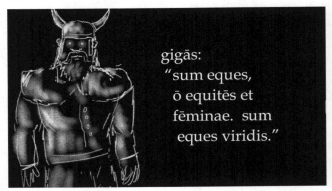

gigās:
"sum eques,
ō equitēs et
fēminae. sum
eques viridis."

Artūrus surgit et respondet: "ō eques
viridis, cūr tū vēnistī ad castellum meum?
hodiē est diēs fēstus! esne tū amīcus an
hostīlis? **vēnistīne**[42] ad pugnandum an ad
celebrandum?"

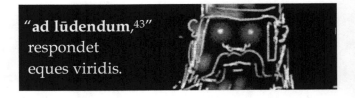

"**ad lūdendum,**[43]"
respondet
eques viridis.

---

[41] profunda: deep
[42] venistine: *have you come (to)* …
[43] ad ludendum: *to play, to play a game*

hōc audītō, est murmur magnum.
*mōnstrum vēnit ad lūdendum?*

rēx: "tū vēnistī ad lūdendum. quid
est lūdus tuus?"

eques viridis: "lūdus meus est …
antīquus. lūdus nōn est difficilis, ō rēx. puer
parvus lūdere potest. prīmum adversārius
mihi dōnum dabit.

rēx:
"quāle dōnum?[44]"

eques viridis: "dōnum **quod ego
petō**[45] ab eō."

rēx: "deinde?"

eques viridis: "deinde, **post ūnum
annum**[46] adversārius *mē* vīsitābit et ego eī
dabō dōnum."

---

[44] quale donum: *what kind of gift?*
[45] quod ego peto: *(the gift) which I request, ask for*
[46] post unum annum: *after one year*

hōc audītō,
ego putō lūdum
esse rīdiculum et
absurdum.

*post ūnum annum?! lūdus* longus *est!*

eques viridis: "quis vult lūdere mēcum? tū, ō rēx? vīsne lūdere?"

rēx Artūrus: "fortasse ego lūdam, fortasse nōn lūdam. quid est dōnum?"

eques viridis aliquid magnum in mēnsā pōnit.

est **secūris**[47] magna
et colōre viridī.

---

[47] securis: *axe*

secūrī vīsā, omnēs sunt attonitī.

eques viridis inquit: "dōnum est:

"cape secūrim meam et
dā mihi **ūnum ictum.**[48]"

---

[48] unum ictum: *one hit, one strike*

# Capitulum V

*lūdus*

erat murmur magnum. omnēs attonitī sunt.

secūris in mēnsā est magna.

eques viridis: "dōnum est ūnus ictus. dā mihi ūnum ictum, et, post ūnum annum, ego tibi ūnum ictum **similiter**[49] dabō. hic est lūdus meus."

rēx Artūrus est attonitus.

Artūrus: "ō mōnstrum! lūdus tuus est malus! nōlō lūdere. equitēs meī nōlunt lūdere. fuge ab castellō meō!"

---

[49] similiter: *similarly, in the same way*

gigās autem ab castellō nōn fugit, sed magnā cum cōnfīdentiā stat in mediō convīviō. manus gigantis est in secūrī magnā in mēnsā.

eques viridis: "ō rēx, surge et lūde! ego multās fābulās audīvī. in fabulīs, rēx Artūrus est rēx bonus et fortis, et equitēs eius sunt fortēs et magnī! in fabulīs, equitēs in mōnstra et **dracōnēs**[50] pugnant. hodiē autem sciō fābulās esse falsās. rēx Artūrus nōn est magnus et fortis, sed parvus et timidus! rēx lūdum meum timet!"

gigās nunc equitēs rēgis Artūrī spectat. omnēs equitēs timent lūdere.

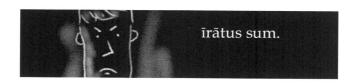

īrātus sum.

---

[50] dracones: *dragons*

*eques viridis avunculum meum īnsultāvit. eques viridis rēgem meum īnsultāvit. in convīviō sunt multī equitēs! sed equitēs timent rēgem dēfendere.*

eques viridis: "quis vult lūdere?"

ego surgō et magnā vōce clāmō:

"volō lūdere, ō eques viridis. nōn timeō."

est silentium. omnēs mē spectant.

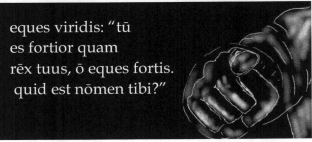

eques viridis: "tū es fortior quam rēx tuus, ō eques fortis. quid est nōmen tibi?"

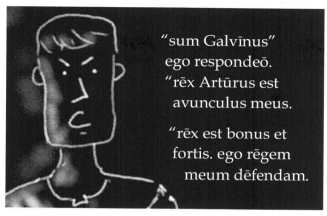

"sum Galvīnus"
ego respondeō.
"rēx Artūrus est
avunculus meus.

"rēx est bonus et
fortis. ego rēgem
meum dēfendam.

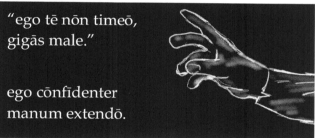

"ego tē nōn timeō,
gigās male."

ego cōnfīdenter
manum extendō.

ego lūdum gigantis timeō. nōlō
autem equitem scīre mē timēre lūdum!

"dā mihi secūrim, ō gigās," ego
inquam: "lūdāmus."

eques viridis secūrim ab mēnsā capit.

"tū es fortis, ō Galvīne.
fortis … aut stultus.

eques viridis mihi secūrim dat.
secūris est magna et gravis in manibus meīs.
est **tam gravis ut**[51] ego nōn possim **eam
tenēre**.[52]

secūris magnō clāmōre
ad terram cadit.

hōc vīsō, eques viridis inquit:

"hahahae! secūris mea est magna et
gravis, ō puer.  est tam gravis ut parvus puer
nōn possit **eam tenēre**.[53] virī fortēs possunt
secūrim meam tenēre … hahahae!"

hōc audītō, sum īrātus equitī viridī.
nunc gigās horribilis mē īnsultāvit!

---

[51] tam gravis ut: *so heavy that*
[52] tenere: *to hold, to grasp*
[53] eam tenere: *to hold it*

īrātus ego rapidē secūrim capiō.

nunc manūs meae nōn tremunt, sed fortēs sunt! volō gigantem interficere! sum eques rēgis Artūrī! nōn est vir quī possit īnsultāre equitem Artūrī … et **vīvat**![54]

"dā mihi dōnum, ō eques," inquit eques viridis, "ūnum ictum."

nunc gigās stat immōbilis et **caput dēmittit**.[55]

sum attonitus.

collum gigantis est nūdum.  gigās viridis collum nōn dēfendit!

---

[54] vivat: *live*
[55] caput demittit: *bows his head*

iam equitem viridem nōn timeō! iam sciō equitem esse stultum! difficile nōn erit interficere hunc equitem stultum.

"tempus lūdendī est, ō gigās horribilis!" ego magnā vōce clāmō.

secūris dēscendit ...

... et percutit collum nūdum equitis viridis.

"ō horrōrem! horrōrem!"
clāmant fēminae et equitēs.

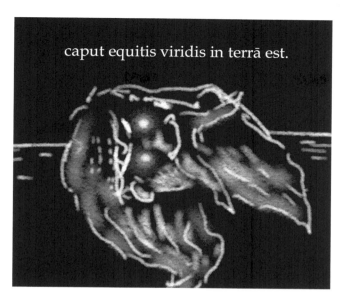

caput equitis viridis in terrā est.

hōc vīsō,
ego gaudeō.

*eques viridis*
*mortuus est!*

*sum victor!*

# CAPITULUM VI

*caput*

rēx Artūrus
gaudet.

rēx inquit: "**nepōs**[56] meus est victor!
gigās erat fortis, sed nepōs meus erat fortior
quam gigās!"

fēminae: "gigās mortuus est!
Galvīnus est victor!"

subitō ūna fēmina clāmat:

"ecce, omnēs!
gigās ... gigās nōn
mortuus est!"

---

[56] nepos: *nephew*

corpus gigantis
nōn cadit, sed
stat in mediō
convīviō.

subitō gigās
manum extendit
ad caput.

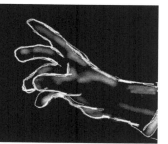

manus capillōs longōs
et viridēs capit.

in capite,
oculī equitis
sunt apertī.

oculī sunt
viridēs
et horribilēs.
caput vīvit!

subitō equēs **ōs**[57] aperit et inquit:

"grātiās, ō puer. tū dedistī mihi dōnum bonum! nunc ego sciō tē esse equitem fortem!"

ego sum **tam attonitus ut**[58] nōn possim respondēre. caput gigantis nōn est in collō eius, sed in manū eius. et gigās nōn est mortuus!

gigās:

"tū dedistī mihi ictum magnum! ecce! caput meum ad terram **cecidit!**[59]"

---

[57] os: *mouth*
[58] tam attonitus ut: *so surprised that*
[59] cecidit: *fell*

ego: "certē, ō gigās. ego vīdī caput tuum cadere."

gigās: "hodiē ego tē vīsitāvī, et, post ūnum annum, tū mē vīsitābis. hahahae!"

ego: "ego tē vīsitābō. ego tē nōn timeō.

"ego dōnum tuum nōn timeō.

"sed ubi habitās, ō gigās viridis? ubi ego tē vīsitābō?"

gigās respondet: "hahahae! tū vīs mē vīsitāre? tū es eques fortis!

"ego habitō in templō viridī mediā in silvā magnā."

ego: "sed ubi est templum? ubi est silva? in Brittaniā? in Germāniā?"

gigās: "nōn est difficile mē vīsitāre. ego tē **exspectābō**[60] in templō meō."

subitō gigās manum alteram extendit et secūrim capit. deinde eques viridis ad iānuam it ...

ferēns[61] caput in ūnā manū,

secūrim in alterā.

---

[60] exspectabo: *I will wait for, expect*
[61] ferens: *carrying*

ego attonitus spectō.

eques viridis clāmat: "valē, ō eques fortis! ego tē vidēbō in templō meō … post ūnum annum! volō tibi dabō … dōnum bonum! hahahahae!"

gigās **magnō clāmōre**[62] ianuās claudit

est silentium magnum et longum in castellō rēgis Artūrī.

---

[62] magno clamore: *with a loud noise*

# CAPITULUM VII

*"valē"*

ego sōlus ad
mēnsam sedeō.

domī sum.

in manū meā
sunt trēs
chartulae
antīquae.

māter mea
domum intrat.

māter mea est
Anna, soror
rēgis Artūrī.

māter nōn vult mē **domō abīre**.[63]
māter mea gigantem timet. nōn vult mē
pugnāre cum gigante in templō viridī.

māter chartulās meās videt.

māter inquit: "ō
mī fīlī, quae sunt
chartulae in
manū?"

respondeō:
"fortūna mea."

māter: "fortūna?"

---

[63] domo abire: *to leave home*

ego: "certē, chartulae mihi fortūnam meam **ostendunt**.[64] in pictūrīs sunt ēventūs futūrī."

māter: "quis dīxit hās chartulās esse fortūnam tuam?"

ego respondeō: "**mē puerō**,[65] fēmina mihi chartulās dēdit.

"fēmina erat prophēta.

"in chartulīs sunt pictūrae.

"in prīmā chartulā est vir duōbus vultibus ...

---

[64] ostendunt: *show, display*
[65] me puero: *when I was a boy*

"… in alterā est
stēlla …"

māter: "quid significat stēlla?"

"nesciō, ō māter." ego respondeō,
"mystērium est. sed fēmina dīxit stēllam mē
dēfendere."

"in tertiā chartulā
est fēmina
sōlitāria
in castellō."

māter prope mē sedet et chartulam
tertiam īnspectat.

māter inquit:
"quid haec pictūra
significat?"

"nesciō, ō māter." respondeō, "fortasse haec pictūra mē significat. ego sōlus rēgem Artūrum dēfendī. ego sōlus cum gigante pugnāvī. et nunc … ego ad templum gigantis sōlus ībō. ego sum captīvus sīcut fēmina in pictūrā."

subitō māter surgit et inquit: "tū nōn es captīvus, ō mī fīlī! nōn es sōlus! multōs amīcōs habēs! amīcī tuī sunt equitēs fortēs! rēx Artūrus est avunculus tuus!"

ego: "ego dīxī **mē itūrum esse**,[66] et ego ībō. sōlus ībō, ō māter. gigantem nōn timeō. et secūrim gigantis nōn timeō. gigās rēgem meum īnsultāvit!"

māter nōn respondet.

---

[66] me iturum esse: *(that) I will go*

ego: "ecce hodiē est
mēnsis September.
nesciō ubi eques
viridis habitet.

"nesciō ubi templum
viride sit."

pictūra stēllae est in manū meā.

ego: "fortasse haec stēlla mē
dēfendet."

est silentium longum. māter trīstis
est. māter nōn vult mē īre ad templum
gigantis horribilis. ego quoque trīstis sum.
nōlō mātrem meam esse sōlam et trīstem.

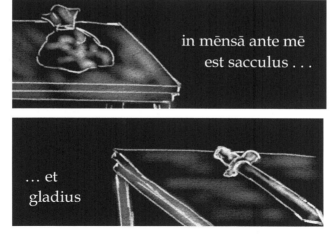

in mēnsā ante mē
est sacculus . . .

. . . et
gladius

in sacculō sunt
cibus et pecūnia.

ego sciō viam ad templum viride esse longam. sacculum et gladium capiō.

māter mea **flet**.[67]  nōlō mātrem meam flēre.  ego mātrem meam **bāsiō**.[68]

"valē, māter," inquam. "tē amō.  ego ad tē **redībō**.[69]  nōlī flēre."

māter mea "valē" dīcit et flet.

equus
mē exspectat
extrā domum.

---

[67] flet: *cries, weeps*
[68] basio: *I kiss*
[69] redībō: *I will return*

māter mē spectat
per fenestram.

"valē, māter!" ego clāmō et in equum
ascendō. equus meus rapidē currit.

ego fleō. nōlō mātrem vidēre **mē
flentem**.[70]

---

[70] me flentem: *me crying, me weeping*

# PARS TERTIA

---

*VIA LONGA*

# CAPITULUM VIII

*multitūdō*

mēnse Septembre,
ego terram
prope castellum
Artūrī explōrāvī.

deinde ego explōrāvī
terram longē
ab castellō.

ego terram Britanniam explōrāvī. ego templum viride nōn vīdī. multī hominēs in viā erant, sed hominēs nesciēbant ubi templum viride esset.

ego neque templum neque equitem viridem vīdī.

hodiē est mēnsis Octōber.

multitūdō virōrum et fēminārum
terram prope viam spectat.

ego cūriōsus investīgō. ūna fēmina
mē videt et clāmat:

ego ex equō **dēscendō**.[71] nesciō cūr
multitūdō hominum sit prope viam.

prope viam sunt duo corpora in terrā.
corpora sunt virī. minimē, nōn sunt virī--
**fuērunt**[72] virī.

ubīque est **sanguis**.[73] est multum
sanguinis in terrā, in viā, in corporibus.

---

71 descendo: *descend, climb down from*
72 fuerunt: *they were*
73 sanguis: *blood*

difficile nōn est vidēre virōs esse mortuōs.

ego inquam: "quī fuērunt virī?"

fēmina respondet: "nesciō quī virī fuerint, ō eques! est mystērium!"

ego cūriōsus corpora mortua inspectō. corpora neque sacculōs habent neque vestēs.

"**aliquis**[74] hōs virōs interfēcit, "ego inquam, "et cēpit sacculōs et vestēs."

"est silva magna," alia fēmina inquit. "nōn longē ab viā.

---

[74] aliquis: *someone*

"**fertur**[75] mōnstra habitāre in silvā.

"fertur multōs equitēs fortēs intrāre silvam neque exīre! fertur silvam esse malam ... et magicam!"

**hōc audītō**,[76] gaudeō. rapidē currō ad equum. hōc vīsō, fēmina cōnfūsa est. hōc vīsō, multitūdō hominum est cōnfūsa.

fēmina:
"cūr tū gaudēs, ō eques? esne tū īnsānus?

"prope viam sunt duo virī mortuī!"

---

nōn respondeō. ego ascendō in equum meum.

ego gaudeō.

virī et fēminae putant mē esse īnsānum.

cūr gaudeō?

silva mala nōn est longa ab viā. volō silvam investīgāre. fertur mōnstra in silvā habitāre ...

fortasse in hāc silvā est templum viride.

fortasse in hāc silvā gigās viridis mē exspectat. . .

# CAPITULUM IX

*hortus malus*

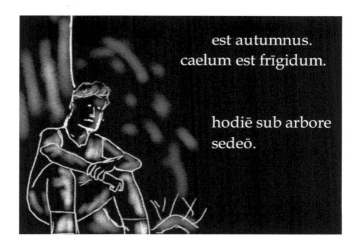

est autumnus.
caelum est frīgidum.

hodiē sub arbore
sedeō.

folia[77] in arboribus sunt multīs
colōribus.  ego folia multīs colōribus spectō.
folia ad terram cadunt.

cibum volō.

sacculum meum
**aperiō.**[78]

---

[77] folia: *leaves*
[78] aperio: *I open*

in sacculō est pecūnia, sed nōn est cibus.

prope mē est silva magna.

ego silvam nōn timeō. fertur mōnstra in silvā habitāre. volō mōnstra petere. volō equitem viridem petere. volō equitem interficere!

mox mēnsis November veniet, deinde December. mēnse Decembre, eques viridis mē exspectat in templō viridī. . .

fortasse templum est in hāc silvā malā. volō silvam explōrāre. sed via erat longa et nunc volō dormīre.

oculōs meōs **claudō**.[79]

dormiō.

---

[79] claudo: *I close*

subitō in **hortō**[80] pulchrō sum.

ubīque in hortō sunt flōrēs pulchrī. flōrēs pulchrī multīs colōribus sunt. **sōl lūcet**[81] in caelō et tōtum hortum illūminat.

ego manum
meam extendō
ut ūnum flōrem
capiam.

est sanguis in manū meā. ego manum meam investīgō. **vulnusne habeō**?[82] ānxius manum īnspectō. minimē, vulnus in manū meā nōn habeō.

---

[80] horto: *a garden*
[81] sol lucet: *the sun shines, is shining*
[82] vulnus: *a wound; vulnusne habeo?*

73

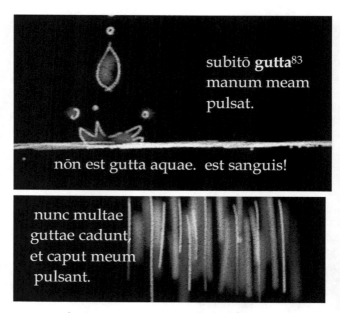

subitō **gutta**[83] manum meam pulsat.

nōn est gutta aquae. est sanguis!

nunc multae guttae cadunt, et caput meum pulsant.

timeō guttās sanguinis ubīque cadentēs. sanguis est in capite meō, in capillīs meīs. ānxius sum. rapidē hortum īnspectō.

ecce sanguis est in omnibus flōribus in hortō.

---

[83] gutta: *a drop*

omnēs flōrēs sunt **rubrī**.[84]  terra est
rubra.  ego caelum īnspectō.  caelum est
rubrum!

ego currō.  volō ab hortō malō fugere.
multum sanguinis cadit.  mox tōtum corpus
meum est rubrum.

currō ad iānuam hortī ut ego fugiam
ex hortō malō.  sed nōn possum ex hortō
fugere.

ecce, iānua hortī
clausa est

… et ad iānuam
stat figūra
magna.

est vir statūrae magnae.  tōtum
corpus virī est colōre viridī.  vir magnus
oculīs viridibus mē spectat.

---

[84] rubri: *red*

75

in manū virī
est secūris.

est eques viridis quī
stat ad iānuam!

eques clāmat:
"salvē, ō eques
fortis. cūr es tū
in hōc hortō?

"venī ad templum
meum. tū nōn es
longē ab templō."

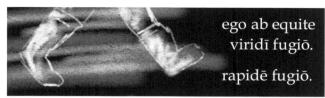

ego ab equite
viridī fugiō.

rapidē fugiō.

sanguis ubīque est. sanguis est in oculīs meīs. est difficile vidēre **quō**[85] ego curram.

currō et currō et currō.

subitō sanguis nōn cadit. terra nōn est rubra. caelum nōn est rubrum. ego manūs et vestēs meās īnspectō. attonitus sum! nōn sum vir.

nunc sum puer parvus.

in manū meā
sunt trēs chartulae.

---

[85] quo: *where*

sōnum audiō. est sōnus pulcher.
volō scīre **unde veniat**[86] sōnus pulcher.
caelum īnspectō.

in caelō, stēllam ūnam videō.

stēlla terram illūminat, sed lūx stēllae est viridis.

stēlla sōnum pulchrum facit.

subitō prope mē est castellum magnum.

in castellō est vir. vir hūmānus nōn est.

vir duōs vultūs habet!

est deus Iānus!

---

[86] unde veniat: *where [the sound] is coming from*

quattuor oculī Iānī mē spectant. oculī
Iānī sunt īrātī! timeō oculōs deī mē
spectantēs.

ab castellō fugiō!

subitō iterum in hortō sum. sed,
**cum**[87] hortum īnspectō, ego flōrēs nōn
videō.

flōrēs nōn sunt in hortō, sed capita!

capita hūmāna! oculī in capitibus sunt
**apertī!**[88]

subitō aliquid in manū meā est.
manum īnspectō. in manū est …

---

[87] cum: *when*
[88] aperta: *open*

... caput pullī!

multum sanguinis est in capite et in manū meā.

caput autem nōn mortuum est, sed vīvit! oculī pullī sunt apertī. pullus sōnōs horribilēs facit. deinde omnia capita in hortō clamant. sōnōs magnōs et horrificōs faciunt!

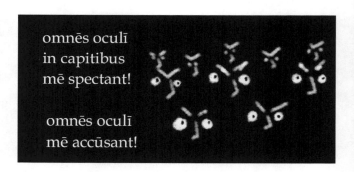

omnēs oculī in capitibus mē spectant!

omnēs oculī mē accūsant!

ego caput pullī iaciō et fugiō.

# CAPITULUM X

*puer in silvā*

oculōs aperiō.

nōn sum in hortō. nōn sum puer.
nōn videō capita et sanguinem, sed arborēs.
caelum nōn est rubrum. sanguis nōn ubīque
est in terrā.

nox est. sōlus sedeō sub arbore prope
viam. prope mē est sacculus meus. nōn est
cibus in sacculō meō.

trēs chartulae
meae sunt in
sacculō.

quis chartulās in sacculō posuit? ego
nōn posuī chartulās in sacculō . . .

subitō vōcem audiō.

aliquis clāmat. ego surgō. prope mē est silva. aliquis in silvā clāmat. est vōx parva. fortasse puer **vel**[89] puella parva clāmat.

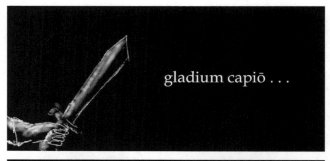

gladium capiō . . .

et in equum meum ascendō.

sī aliquis in **magnō perīculō**[90] est, volō eum dēfendere.

---

[89] vel: *or*
[90] magno periculo: *great danger*

per silvam rapidē currit equus meus.
ego vōcem **sequor**.[91] vōcem clāmantem
sequor ad mediam silvam.

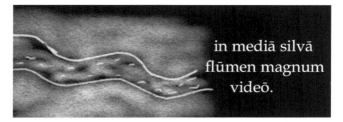

in mediā silvā
flūmen magnum
videō.

quoque videō
trēs figūrās.

nox est. difficile est figūrās vidēre.

ego autem possum
vidēre duās
figūrās esse
equitēs
magnōs ...

---

[91] sequor: *(I) follow*

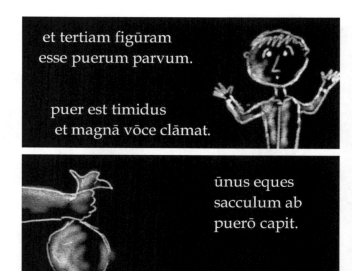

et tertiam figūram
esse puerum parvum.

puer est timidus
et magnā vōce clāmat.

ūnus eques
sacculum ab
puerō capit.

alter eques gladium ad collum puerī
extendit.

"**adiuvā**[92] mē!"
puer clāmat.

---

[92] adiuva: *help*

"equitēs malī pecūniam meam cēpērunt! illī volunt mē interficere! innocēns sum!"

hōc audītō, ego īrātus sum. nōlō equitēs interficere puerum innocentem. volō puerum adiuvāre.

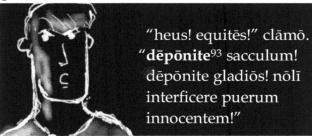

"heus! equitēs!" clāmō. "**dēpōnite**[93] sacculum! dēpōnite gladiōs! nōlī interficere puerum innocentem!"

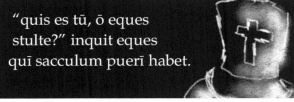

"quis es tū, ō eques stulte?" inquit eques quī sacculum puerī habet.

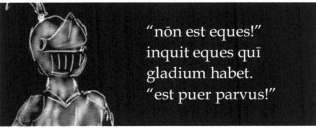

"nōn est eques!" inquit eques quī gladium habet. "est puer parvus!"

---

[93] deponite: *put down*

hōc audītō, puer flet et clāmat.
gladius est in manū meā. ego equitēs malōs
nōn timeō.

eques mihi clāmat: "ō eques rīdicule,
tū es puer parvus cum gladiō et equō! es
puer parvus quī putat sē esse equitem
fortem!"

ego īrātus respondeō: "sum eques
rēgis Artūrī! sum eques bonus et nōbilis.
ego hominēs innocentēs dēfendō!"

"*tū*? hahahae!" inquit eques quī
sacculum habet, "tū es nōbilis? hahahae! tū
es eques parvus et miserābilis!"

"hahahae!" inquit eques quī gladium
habet. "fortasse tū multōs hominēs
dēfendistī. sed quis, ō puer stulte, *tē*
dēfendet?"

clāmō: "dēpōnite
sacculum puerī!
dēpōnite
gladiōs!"

equitēs oculīs īrātīs mē spectant. equitēs neque sacculum neque gladiōs in terrā dēpōnunt.

ego clāmō: "sī vultis pugnāre, ō equitēs, **mēcum**[94] pugnāte, nōn cum parvō puerō!"

īrātus sum.

ad equitēs currō, **ferēns**[95] gladium in manū meā.

volō equitēs malōs interficere.

---

[94] in: *against*
[95] ferens: *carrying*

# CAPITULUM XI

*pugna*

ego pugnō.

ego in equitēs malōs pugnō. gladius meus pulsat gladiōs equitum.

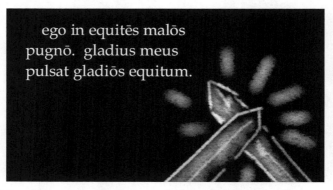

puer nōn spectat mē pugnantem. post arborem stat et oculōs claudit.

gladius meus ūnum equitem percutit
et eques magnā vōce clāmat. gladius equitis
cadit et eques mē spectat.

oculī equitis nōn
iam sunt īrātī.

nunc sunt timidī!
eques malus mē
timet!

**vulnus**[96] est in
manū equitis.
sanguis est in manū
et vestibus eius.

eques vulnus in manū videt et clāmat:
"sanguinem! sanguinem! ō manum meam! ō
manum meam!"

eques sacculum in terram iacit et
rapidē ad silvam currit.

---

[96] vulnus: *a wound*

ego attonitus sum. eques dīxit sē esse
fortem, sed falsō dīxit! eques vulnus parvum
timet!

alter mīles
amīcum fugientem
in silvam videt, et
nunc nōn vult
mēcum pugnāre.

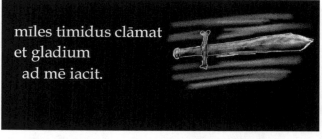

mīles timidus clāmat
et gladium
ad mē iacit.

ego, nōn timidus, stō immōbilis.
gladius arborem prope mē pulsat.

alter mīles rapidē currit in silvam.

in terrā
sacculum puerī
videō. ego
sacculum capiō.

ego sacculum **afferō**[97] ad puerum. oculī puerī sunt clausī. puer mē pugnantem nōn spectābat. sōnum audiō.

puer stat
post arborem
et flet.

"puer!" ego clāmō. "nōlī flēre! equitēs fūgērunt! sacculum habeō."

puer flet neque respondet.

---

[97] affero: *(I) bring*

"nōlī timēre, ō puer! ego sum amīcus!"

puer nōn respondet.

ego ānxius sum.

ego: "ō puer, habēsne vulnus? respondē, ō puer! nōlī timēre! habēsne parentēs? ubi habitās?"

nunc ego sum prope arborem. puer mē nōn videt. puer flet et inquit:

"ō eques ... t-t-timidus sum. n-n-n-nōn habeō parentēs ...

nōn habeō d-d-domum . . ."

ego sacculum in terrā pōnō prope puerum.

puer sacculum in terrā videt et gaudet.

"est sacculus meus! ō eques, grātiās! grātiās! habeō … habeō … **praemium**[98] tibi."

"praemium?" ego inquam. "nōlō praemium, ō puer.  ubi habitās?"

puer aliquid in manū habet.

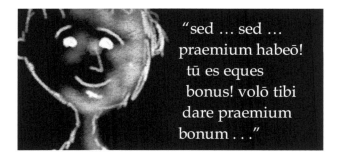

"sed … sed … praemium habeō! tū es eques bonus! volō tibi dare praemium bonum . . ."

ego: "nōlō praemium, ō puer."

subitō puer manum rapidē movet. aliquid stomachum meum pulsat! confūsus sum!

ego clāmō: "ō stomachum meum!"

---

[98] praemium: *a reward*

stomachus mē **dolet**![99] stomachum īnspectō. est sanguis in vestibus meīs. est gladius parvus in stomachō meō!

---

[99] dolet: *hurts, is in pain*

# CAPITULUM XII

*flūmen*

attonitus sum.

"ecce praemium tuum!" puer clāmat.

oculī puerī sunt
īrātī et ...

... viridēs.

puer gladium **extrahit**[100] ab stomachō meō, et ego ad terram cadō. sanguis meus ubīque est. īrātus sum! puer falsus est et ego sum stultus!

"māter! pater! venīte!" puer clāmat.

duōs equitēs
videō. nunc
equitēs nōn fugiunt.

---

[100] extrahit: *pulls out, extracts*

equitēs mē nōn timent. prīmus eques
mē capit.

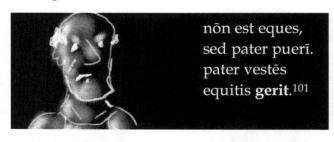

nōn est eques,
sed pater puerī.
pater vestēs
equitis **gerit**.[101]

nunc videō
alterum equitem.
nōn est vir,
sed fēmina!
est māter puerī.

māter puerī gerit vestēs equitis sīcut
pater. māter capit equum meum.  sacculus
meus ad terram cadit.

puer gaudēns
sacculum et
pecūniam meam
capit.

---

[101] gerit: *wears, is wearing*

puer inquit: "ecce parentēs meī, ō eques stulte! putāsne vestēs parentum esse pulchrās?"

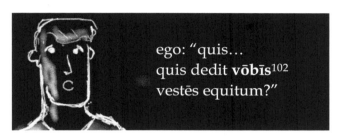

ego: "quis… quis dedit **vōbīs**[102] vestēs equitum?"

pater: "quis dedit **nōbīs**[103] vestēs? hahahae!"

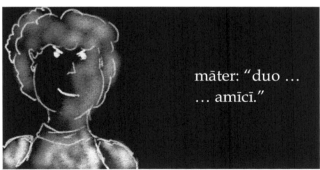

māter: "duo … … amīcī."

---

[102] vobis: *to you*
[103] nobis: *to us*

*duo amīcī?*

**ego meminī**[104] duōs virōs mortuōs prope viam.

virī erant equitēs! vir et fēmina equitēs interfēcērunt, et vestēs cēpērunt! vir et fēmina **imitantur**[105] equitēs.

puer et parentēs eius sunt falsī! ēheu! stultus sum! ō familiam malam!

"iace equitem stultum in flūmen!" puer gaudēns inquit.

subitō **sentiō**[106] quattuor manūs in corpore meō. stomachus mē dolet.

---

[104] ego memini: I remembered
[105] imitantur: *imitate, pretend to be*
[106] sentiō: *I feel, perceive*

nunc pedēs meī nōn sunt in terrā.
quattuor manūs mē ferunt ad flūmen.

*stultus sum! mox ego mortuus erō! eques*
*viridis mē nōn interfēcit, sed puer parvus in silvā*
*longē ab domō meō.*

familia mala
mē in flūmen
iacit.

aqua est frīgida.  nōn possum fugere.
nōn possum **ascendere**[107] ex flūmine.
stomachus mē dolet. vulnus in stomachō est
malum.

aqua nunc
est rubra.

[107] ascendere: *to climb out*

īrātus sum. nōn possum rēgem Artūrum dēfendere! nōn possum mē dēfendere!

aqua est frīgida. corpus meum est frīgidum.

in animō[108] possum mātrem meam vidēre. māter domī est. sōla est. māter flet.

volō clāmāre "māter! māter! nōlī flēre! nōlī flēre!" sed sub aquā nōn possum sōnum facere.

oculōs claudō.

---

[108] in animo: *in my mind*

\* \* \* \* \*

ego oculōs aperiō.

nōn sum sub aquā frīgidā. nōn sum in flūmine.

sum in **lectō**,[109] in conclāvī magnō.

stomachus mē dolet. nōn possum surgere ex lectō.

sunt multae candēlae ubīque.

candēlae conclāve illūminant.

---

[109] lecto: *bed*

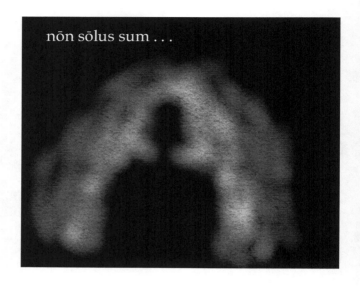

# INDEX VERBORUM

## A

ab: *from, by*
abīre: *to go away*
absurdum: *absurd*
accūsant: *(they) accuse*
accūsat: *(s/he) accuses*
ad: *to, towards*
adiuvā: *help!*
adiuvāre: *to help*
adversārius: *adversary*
afferō: *(I) bring*
afferre: *to bring*
affert: *(s/he) brings*
albīs: *white*
albō: *white*
albus: *white*
alia: *other, another*
alienam: *foreign*
aliquid: *something*
aliquis: *someone*
alter: *other, another,
second*
altera: *other, another,
second*
alterā: *other, another,
second*
alteram: *other, another,
second*
alterum: *other, another,
second*
amīca: *friend*
amīcī: *friends*
amīcōs: *friends*
amīcum: *friend*
amīcus: *friend*
amō: *I love*
an: *or*
animō: *mind*

annum: *year*
ante: *before, in front of*
antīquae: *old, ancient*
antīquus: *old, ancient*
ānxiī: *anxious, worried*
ānxius: *anxious, worried*
aperiō: *I open*
aperīre: *to open*
aperit: *s/he opens*
aperiuntur: *are opened*
aperta: *open*
apertā: *open*
apertī: *open*
apertus: *open*
aqua: *water*
aquā: *water*
aquae: *water*
arbor: *tree*
arbore: *tree*
arborem: *tree*
arborēs: *trees*
arboribus: *trees*
arboris: *of a tree*
arca: *box*
arcā: *box*
arcam: *box*
āreā: *area, courtyard*
āream: *area, courtyard*
ascendere: *to climb, climb
out*
ascendo: *I climb, I climb
out*
attonitī: *surprised*
attonitus: *surprised*
audiō: *I hear*
audīre: *to hear*
audītō: *heard*
audiunt: *they hear*
audīvī: *I heard*
aut: *either . . . or*

autem: *however*
autumnus: *fall, autumn*
avunculum: *uncle*
avunculus: *uncle*

## B

barba: *beard*
barbā: *beard*
bāsiō: *kiss*
bibēns: *drinking*
bona: *good*
bonam: *good*
bonum: *good*
bonus: *good*

## C

cadāvera: *bodies*
cadere: *to fall*
cadit: *(s/he) falls*
cadō: *I fall*
cadunt: *they fall*
caelō: *sky*
caelum: *sky*
candelae: *candles*
candēlae: *candles*
cape: *take, grab!*
capere: *to take, to grab*
capiam: *(I) will take, grab*
capillī: *hair*
capillīs: *hair*
capillōs: *hair*
capiō: *I take, grab*
capit: *(s/he) takes, grabs*
capita: *heads*
capite: *head; take! grab!*
capitibus: *heads*
capitulum: *chapter*
capitur: *is seized, captured*
captīva: *captive*
captīvitās: *captivity*

captīvus: *captive*
captō: *seized, captured*
caput: *head*
castellō: *castle*
castellum: *castle*
castellum: *castle*
cecidit: *(s/he) fell*
celebrandum: *(to) celebrate*
celebrant: *(they) celebrate*
celebrāre: *to celebrate*
cēnam: *dinner, meal*
cēnāre: *to dine, to eat a meal*
cēnāvī: *I dined, ate a meal*
cēpērunt: *they grabbed, seized*
cēpit: *(s/he) seized*
certē: *certainly*
chartula: *card*
chartulā: *card*
chartulae: *cards*
chartulās: *cards*
chartulīs: *cards*
cibum: *food*
cibus: *food*
circō: *circle*
clāmant: *(they) shout*
clāmantem: *shouting*
clāmāre: *to shout*
clāmat: *(s/he) shouts*
clāmō: *(I) shout*
clāmōre: *a shout*
claudit: *closes*
claudō: *I close*
clausa: *closed, shut*
clausae: *closed, shut*
clausī: *closed, shut*
collō: *neck*
collum: *neck*

color: *color*
colōre: *color*
colōribus: *colors*
cōnātur: *(s/he) tries*
conclāve: *room*
conclāvī: *room*
cōnfīdenter: *confidently*
cōnfīdentiā: *confidence*
cōnfūsa: *confused*
cōnfūsus: *confused*
cōnsīde: *sit down!*
cōnsīdit: *(s/he) sits down*
cōnsīdō: *(I) sit down*
convīvae: *party guests, revelers*
convīvia: *party, feast*
convīviō: *party, feast*
convīvium: *party, feast*
corpore: *body*
corporibus: *bodies*
corpus: *body*
cotīdiē: *every day, daily*
crēdō: *I believe*
cum: *with, when*
cūr: *why*
cūriōsī: *curious*
cūriōsus: *curious*
curram: *I will run*
currit: *(s/he) runs*
currō: *(I) run*
currunt: *(they) run*

## D
dā: *give!*
dabit: (s/he) will give
dabō: *I will give*
dare: *to give*
dat: *(s/he) gives*
December: *December*
Decembre: *December*

dedistī: *(you) gave*
dēdit: *(s/he) gave*
dēfendam: *(I) will give*
dēfendendum: *(to) defend*
dēfendere: *to defend*
dēfendet: *(s/he) will defend*
dēfendistī: *(you) defended*
dēfendit: *(s/he) defends*
dēfendō: *I will defend*
deinde: *then*
dēmittit: *he bowed*
dēscendit: *(s/he) descended, climbed down*
dēscendō: *I climbed down, decended*
deus: *god*
dīcit: *(s/he) says*
dīcō: *(I say)*
diem: *day*
diēs: *day, days*
difficile: *difficult*
dīxī: *(I) said*
dīxit: *(s/he) said*
dolet: *hurts, pains*
domī: *at home*
domō: *house, home*
domum: *house, home*
domus: *house, home*
dōnum: *gift*
dormiō: *I sleep*
dormīre: *to sleep*
dracōnēs: *dragons*
duae: *two*
duo: *two*
duōbus: *two*
duōs: *two*

## E
eam: *her*

ecce: *look! behold!*
ego: *I*
ēheu: *eheu!*
eī: *to him, to her*
ēius: *his*
eō: *(I) go*
eques: *knight*
equite: *knight*
equitem: *knight*
equitēs: *knights*
equitibus: *knights*
equitis: *of the knight*
equitum: *of the knights*
equō: *horse*
equum: *horse*
equus: *horse*
erant: *were*
erat: *was*
erit: *will be*
erō: *(I) will be*
es: *(you) are*
esne: *are you?*
esse: *to be; is*
est: *is*
et: *and*
eum: *him*
eunt: *they go*
ēventum: *event*
ēventus: *event*
ēventūs: *events*
ex: *out of, from*
exeam: *(I) go out*
exeō: *(I) go out*
exīre: *to go out*
exit: *s/he goes out*
explōrāre: *to explore*
explōrāvī: *(I) explored*
exspectābō: *(I) will explore*
exspectant: *they wait*

exspectat: *(s/he) waits*
exspectō: *I wait*
extende: *extend! hold out!*
extendere: *to extend, to hold out*
extendit: *(s/he) extends, holds out*
extendō: *(I) extend, hold out*
extra: *outside*
extrahit: *(s/he) removes, extracts*

# F

fābulās: *stories*
fabulīs: *stories*
facere: *to do, to make*
facit: *(s/he) makes, does*
faciunt: *(they) make, do*
falsa: *false*
falsās: *false*
falsī: *false*
falsō: falsely
falsō dīxit: *lied, spoke falsely*
falsum: *false*
falsus: *false*
familia: *family*
familiam: *family*
fēmina: *woman*
fēminā: *woman*
fēminae: *women, the woman's*
fēminam: *woman*
fēminārum: *of women, the women's*
fenestram: *window*
ferēns: *carrying*
fertur: *is reported*
ferunt: *they carry*

fēstum: *festive*
fēstus: *festive*
figūra: *figure*
figūrae: *figures*
figūram: *figure*
figūrās: *figures*
fīlī: *son*
firmā: *firm, serious*
flentem: *weeping, crying*
fleō: (I) weep, cry
flēre: to weep, to cry
flet: (s/he) weeps, cries
flōrem: *flower*
flōrēs: *flowers*
flōribus: *flowers*
flūmen: *river*
flūmine: *river*
folia: *leaves*
fortasse: *perhaps*
fortem: *brave, strong*
fortēs: *brave, strong*
fortior: *braver, stronger*
fortis: *brave, strong*
fortūna: *fortune, luck*
fortūnam: *fortune, luck*
frīgida: *cold*
frīgidā: *cold*
frīgidum: *cold*
fuerint: *were*
fuērunt: *were*
fuge: *flee, run away*
fugere: *to flee, run away*
fūgērunt: (they) fled, ran away
fugiō: *I flee, run away*
fugit: *(s/he) flees, runs away*
fugiunt: *(they) will run away*
futūrī: *future*

futūrōs: *future*
futūrum: *future*
futūrus: *future*

## G

gaudēns: *rejoicing, happy*
gaudent: *(they) rejoice, are happy*
gaudeō: *(I) rejoice, am happy*
gaudēre: *to rejoice, be happy*
gaudēs: *(you) rejoice, are happy*
gaudet: *(s/he) rejoices, is happy*
gerit: *(s/he) wears, is wearing*
Germāniā: *Germany*
gigās: *giant*
gigantem: *giant*
gigantēs: *giants*
gigantī: *to the giant*
gigantis: *the giant's*
gladiī: *swords*
gladiō: *sword*
gladiōs: *swords*
gladium: *sword*
gladius: *sword*
grātiās: *thanks*
grave: *heavy*
gravis: *heavy*
gutta: *a drop*
guttae: *drops*

## H

habent: *(they) have*
habeō: *(I) have*
habēs: *(you) have*
habēsne: *do you have?*

habet: *(s/he) has*
habitāre: *to live*
habitās: *(you) live*
habitet: *lives*
habitō: *(I) live*
hāc: *this*
haec: *this, these*
hanc: *this*
hās: *these*
heus: *hey!*
hic: *this*
hoc: *this*
hōc: *this*
hodiē: *today*
hominēs: *people*
horribilem: *horrible*
horribilēs: *horrible*
horribilī: *horrible*
horribilis: *horrible*
horrifica: *scary, horrific*
horrificā: *scary, horrific*
horrificus: *scary, horrific*
horrōrem: *horror*
hortī: *garden*
hortō: *garden*
hortum: *garden*
hōs: *these*
hostīlis: *hostile*
hūc: *here*
hūmāna: *human*
hūmānus: *human*
hunc: *this*

# I

iace: *throw!*
iaciō: *(I) throw*
iacit: *(s/he) throws*
iam: *now*
iānua: *door*
iānuae: *doors*

iānuam: *door*
iānuās: *doors*
Iānus: *Janus, the god of doorways*
ībō: *I will go*
ictum: *strike, hit*
ictus: *strike, hit*
illa: *that, these*
illae: *those*
illī: *those, to her, to him*
illūminant: *illuminate*
illūminat: *illuminates*
imitantur: *imitates*
immōbilis: *immobile*
impatiēns: *impatient*
impossibile: *impossible*
īmus: *we go*
in: *in, on*
innocēns: *innocent*
innocentem: *innocent*
innocentēs: *innocent*
inquam: *I say, I said*
inquit: *(s/he) says, said*
īnsānā: *insane*
īnsānam: *insane*
īnsānum: *insane*
īnsānus: *insane*
īnspectat: *(s/he) inspects*
īnspectō: *(I) inspect*
īnsultāre: *to insult*
īnsultāvit: *(s/he) insulted*
inter: *among, between*
interfēcērunt: *they killed*
interfēcī: *(I) I killed*
interfēcit: *(s/he killed)*
interficere: *to kill*
intrā: *enter!*
intrāre: *to enter*
intrat: *(s/he) enters*
intrō: *(I) enter*

investīgāre: *to investigate*
investīgō: *I investigate*
invītātus: *invited*
invītāvit: *(s/he) invited*
īrāta: *angry*
īrātam: *angry*
īrātī: *angry*
īrātīs: *angry*
īrātus: *angry*
īre: *to go*
it: *(s/he) goes*
iterum: *again*
itūrum: *will go*

# L

laetī: *happy*
laetōs: *happy*
lectō: *bed*
lentē: *slowly*
longa: *long*
longā: *long*
longam: *long*
longē: *far*
longōs: *long*
longum: *long*
longus: *long*
loquitur: *speaks*
lūcet: *shines*
lūdam: *I will play*
lūdāmus: *let's play*
lūde: *play*
lūdendum: *(to) play*
lūdere: *to play*
lūdum: *game*
lūdunt: *they play*
lūdus: *a game*
lūx: *light*

# M

magicam: *magic*
magna: *large, big*

magnā: *large, big*
magnae: *large, big*
magnam: *large, big*
magnī: large, big
magnō: large, big
magnōs: large, big
magnum: large, big
magnus: large, big
māiōris: bigger, larger
mala: *bad, wicked*
malā: *bad, wicked*
malam: *bad, wicked*
male: *badly, poorly*
malī: *bad, wicked*
malō: *bad, wicked*
malōs: *bad, wicked*
malum: *bad, wicked*
malus: *bad, wicked*
manibus: *hands*
manū: *hand*
manum: *hand*
manus: *hand*
manūs: *hands*
māter: *mother*
mātrem: *mother*
maximus: *largest, greatest, very large*
mē: *me*
mea: *my*
meā: *my*
meae: *my*
meam: *my*
meās: *my*
mēcum: *with me*
mediā: *middle*
mediam: *middle*
mediō: *middle*
medium: *middle*
meī: *my*
meīs: *my*

meminī: *I remembered*
mēnsa: *table*
mēnsā: *table*
mēnsam: *table*
mēnsās: *tables*
mēnse: *month*
mēnsis: *month*
meō: *my*
meōs: *my*
metallicum: *metallic*
metallicus: *metallic*
meum: *my*
meus: *my*
mī: *my*
mihi: *to me*
mīles: *soldier*
minimē: *no*
mīrābilem: *wonderful*
mīrābilis: *wonderful*
mīrāculum: *a miracle*
miserābilis: *miserable*
mōnstra: *monsters*
mōnstrum: *monster*
mortuī: *dead*
mortuōs: *dead*
mortuum: *dead*
mortuus: *dead*
mox: *soon*
multae: *many*
multās: *many*
multī: *many*
multīs: *many*
multitūdinem: *multitude, large group*
multitūdō: *multitude, large group*
multōs: *many*
multum: *much, a lot (of something)*
murmur: *a murmur*

mūsicam: *music*
mystērium: *mystery*

## N
nārrant: *they narrate*
nāsō: *nose*
nepōs: *nephew*
neque: *and . . . not, nor*
nesciō: *(I) do not know*
nesciunt: *(they) do not know*
nōbilis: *noble*
nōbīs: *to us, for us*
nōlī: *don't*
nōlō: *(I) don't want*
nōlunt: *(they) don't want*
nōmen: *name*
nōn: *not*
November: *November*
nox: *night*
nūdum: *bare, uncovered*
nunc: *now*

## O
ō: *o!*
Octōber: *October*
oculī: *eyes*
oculīs: *eyes*
oculō: *eye*
oculōs: *eyes*
oculum: *eye*
oculus: *eye*
omnēs: *all, everyone*
omnia: *all, everything*
omnibus: *everyone*
ōs: *mouth*
ostendit: *show, display*
## P
parentēs: *parents*
parentum: *parents*

pars: *part*
parva: *small*
parvī: *small*
parvum: *small*
parvus: *small*
pater: *father*
pecūnia: *money*
pecūniam: *money*
pedēs: *feet*
per: *through*
percutiō: *I hit, strike*
percutit: *(s/he) hits, strikes*
perīculō: *danger*
perterritus: *scared, frightened*
percussī: *I hit, struck*
percussit: *(s/he hit, struck)*
petō: *I seek, I attack*
petunt: *they seek, they attack*
pictūra: *picture*
pictūrā: *picture*
pictūrae: *pictures*
pictūram: *picture*
pictūrās: *pictures*
pictūrīs: *pictures*
placent: *are pleasing to, "like"*
placet: *is pleasing to, "likes"*
pōnit: *(s/he) puts, places*
pōnite: *put!, place!*
pōnō: *(I) put, place*
possim: *(I) am able*
possint: *(they) are able*
possit: *(s/he) is able*
possum: *(I) am able*
possunt: *(they) are able*
post: *after*
posuī: *(I) put, placed*

posuit: *(s/he) place, put*
potest: *(s/he) is able*
praemium: *prize, reward*
prīmā: *first*
prīmum: *first*
profundā: *deep*
prope: *near*
prophēta: *prophet*
prophētam: *prophet*
protector: *protector*
puella: *girl*
puer: *boy*
puerī: *boy*
puerō: *boy*
puerum: *boy*
pugna: *fight*
pugnandum: *(to) fight*
pugnant: *(they) fight*
pugnantem: *fighting*
pugnāre: *to fight*
pugnāte: *fight!*
pugnō: *I fight!*
pulcher: *beautiful, handsome*
pulchra: *beautiful*
pulchrae: *beautiful*
pulchrās: *beautiful*
pulchrī: *beautiful*
pulchrum: *beautiful*
pullī: *chickens, of the chicken*
pullīs: *chickens*
pullōs: *chickens*
pullum: *chicken*
pullus: *chicken*
pulsā: *hit, strike*
pulsant: *(they) hit, strike*
pulsāre: *to hit, strike*
pulsat: *(s/he) hits, strikes*
pulsāvit: *(s/he) hit, struck*

pūpilla: *pupil (of the eye)*
putant: *they think*
putāsne: *do you think?*
putat: *(s/he) thinks*
putō: *I think*

## Q

quae: *which, who*
quāle: *what kind of*
quam: *than; which, whom*
quattuor: *four*
quī: *who*
quia: *because*
quid: *what*
quis: *who*
quō: *where (to)*
quod: *which*
quōmodo: *how*
quoque: *also*

## R

rapidē: *quickly*
reddam: *I will give back, repay*
redībō: *I will return, come back*
rēgem: *king*
rēgī: *to the king*
rēgis: *of the king, the king's*
removet: *(s/he) removes*
repraesentat: *represents*
resistere: *to resist*
resistō: *I resist*
respondē: *respond!*
respondeō: *I respond*
respondēre: *to respond*
respondet: *(s/he) responds*
rēx: *king*
rīdiculum: *ridiculous*

rubra: *red*
rubrum: *red*

## S

sacculō: *wallet, small bag*
sacculōs: *wallets, small bags*
sacculum: *wallet, small bag*
sacculus: *wallet, small bag*
salvē: *hello, greetings*
sanguine: *blood*
sanguinem: *blood*
sanguinis: *blood*
sanguis: *blood*
saxō: *rock*
saxum: *rock*
sciō: *I know*
scīre: *to know*
scīvit: *(s/he) knew*
scrīptum: *written*
sē: *himself, herself*
sēcrētō: *secret*
secūrī: *axe*
secūrim: *axe*
secūris: *axe*
sed: *but*
sedent: *(they) sit*
sedeō: *(I) sit*
sedēre: *to sit*
sedet: *(s/he) sits*
sellā: *seat*
sellae: *seats*
sellam: *seat*
sentiō: *I feel*
September: *September*
sequor: *I follow*
serviō: *I serve, am in service to*
sī: *if*

sīcut: *just as, like*
significat: *means, signifies*
silentium: *silence*
silva: *woods*
silvā: *woods*
silvam: *woods*
similis: *similar to, like*
sit: *may be*
sōl: *sun*
sōla: *alone*
sōlam: *alone*
sōlitāria: *solitary, alone*
sōlus: *alone*
sōnōs: *sounds*
sōnus: *sound*
soror: *sister*
spectābat: *(s/he) was watching*
spectandōs: *(to) watch*
spectant: *(they) watch*
spectantem: *watching*
spectāre: *to watch*
spectat: *(s/he) watch*
spectātōrēs: *spectators*
spectō: *(I) watch*
stat: *(s/he) stands*
statūrae: *stature, height*
stēlla: *star*
stēllae: *stars*
stēllam: *star*
stō: *I stand*
stomachō: *stomach*
stomachum: *stomach*
stomachus: *stomach*
stulte: *foolish, stupid*
stultum: *foolish, stupid*
stultus: *foolish, stupid*
sub: *under*
subitō: *suddenly*
sum: *(I) am*

sunt: *(they) are*
surge: *rise, stand up*
surgere: *to rise, to stand up*
surgit: *(s/he) rises, stands up*
surgō: *(I) stand up*

# T

tam: *so*
tantum: *only*
tē: *you*
templō: *temple*
templum: *temple*
tempus: *time*
tenēre: *to hold*
terra: *land*
terrā: *land*
terram: *land*
tertia: *third*
tertiā: *third*
tibi: *to you, for you*
timent: *(they) fear*
timeō: *(I) fear*
timēre: *to fear*
timet: *(s/he) fears*
timidī: *timid, frightened*
timidum: *timid, frightened*
timidus: *timid, frightened*
tōta: *whole, entire*
tōtum: *whole, entire*
tōtus: *whole, entire*
tremit: *trembles, shakes*
tremunt: *(they) tremble, shake*
trēs: *three*
trīstem: *sad*
trīstēs: *sad*
tristis: *sad*
trīstis: *sad*

tū: *you*
tuam: *your*
tuī: *your*
tuōs: *your*
tuum: *your*
tuus: *your*

# U

ubi: *where*
ubīque: *everywhere*
ūna: *one*
ūnā: *one*
ūnam: *one*
ūnō: *one*
ūnum: *one*
ūnus: *one*
ut: *so that, in order to*

# V

valē: *goodbye*
vel: *or*
venerit: *(s/he) came*
venī: *come!*
veniet: *(s/he) will come*
vēnistī: *(you) came*
vēnistīne: *did you come?*
venit: *(s/he) comes*
venīte: *come!*
verba: *words*
vestēs: *clothes*
vestibus: *clothes*
vestium: *clothes*
via: *road, street*
viā: *road, street*
viam: *road, street*
victor: *winner, victor*
victōria: *victory*
vidēbō: *I will see*
vidēns: *seeing*
vīdent: *(they) see*

videntēs: *seeing*
videō: *(I) see*
vidēre: *to see*
videt: *(s/he) sees*
vīdī: *(I) saw*
vīnum: *wine*
vir: *man*
virī : *men*
viride: *green*
viridem: *green*
viridēs: *green*
viridī: *green*
viridibus: *green*
viridis: *green*
virōrum: *of men*
virōs: *men*
virum: *man*
vīs: *(you) want*
vīsā: *seen, having been seen*
vīsitābis: *(you) will visit*
vīsitābō: *(I) will visit*
vīsitāre: *to visit*
vīsitāvī: *(I) visited*
vīsitō: *(I) visit*
vīsne: *do you see*
vīsō: *seen, having been seen*
vīvat: *(s/he) lives*
vīvere: *to live*
vīvit: *(s/he) lives*
vōbīs: *to you, for you*
vocat: *s/he calls*
vōce: *voice*
vōcem: *voice*
vōcēs: *voices*
volō: *I want*
volunt: *(they) want*
vōx: *voice*
vulnus: *wound*

vult: *(s/he) wants*
vultibus: *faces*
vultis: *(you) want*
vultū: *face*
vultus: *face*
vultūs: *faces*

## EGO, POLYPHEMUS
Level: Beginner

Polyphemus the Cyclops' life is pretty simple: he looks after his sheep, hangs out in his cave, writes (horrible) poetry, eats his cheese . . . until one day a ship arrives on his peaceful island, bringing with it invaders and turning his peaceful world upside down.

## LARS ROMAM ODIT

Lars is the king of Clusium, a city in ancient Italy, and it is good to be the king. He has fame, wealth, and power—everything he could ever want. He even has a best friend, Titus, the royal scribe.

One day a king named Tarquinius arrives Clusium, asking Lars for help...

## MERCURIUS INFANS HORRIBILIS

Baby Mercury is not like an ordinary human baby; he can speak, he is incredibly strong, and he can even fly! One day when little Mercury steals some cattle, the god Apollo is forced to track down the thief and try to set right all the chaos the mischievous infant has caused!

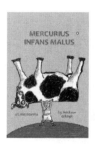

## AULUS ANSER

Aulus is a goose, who lives in ancient Rome on the Capitoline Hill. One day when the Gauls arrived to invade Rome, Aulus thinks that he is responsible! Driven by guilt, he wants to help fix the problem he thinks he created. But what can a little goose do to help defend the Romans against the invaders?

## FAMILIA MALA TRILOGY:

### VOL. 1: SATURNUS ET IUPPITER
### VOL. 2: DUO FRATRES
### VOL. 3: PANDORA

They're the original dysfunctional family! Rivalry! Jealousy! Poison! Betrayal! Gods! Titans! Cyclopes! Monsters! Magical Goats!

Read all about the trials and tribulations of Greek mythology's original royal family! Suitable for all novice Latin readers.

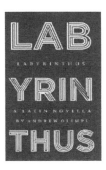

## LABYRINTHUS

Princess Ariadna's family is . . . well . . . complicated. Her father Minos, king of Crete, ignores her. Her mother is insane. Her half-brother is a literal monster—the Minotaur who lives deep within the twisting paths of the Labyrinth. When a handsome stranger arrives on the island, Ariadna is faced with the ultimate choice: should she stay on the island of Crete, or should she abandon her family and her old life for a chance at escape . . . and love?

## CLODIA: FABULA CRIMINALIS

Love, lies, betrayal, extortion… just another day in the life of Clodia, a wealthy Roman woman, who will do anything to get what she wants. When she spots a handsome young poet named Catullus at a dinner party, this chance encounter sparks a whirlwind romance. Rather than leading to fairytale ending, however, this relationship brings only heartache, jealousy...*and murder.*

## IO PUELLA FORTIS

### VOL. 1: IO ET TABELLAE MAGICAE
### VOL. 2: IO ET MONSTRUM HORRIFICUM

Io is tired of her life in a small town in ancient Greece.
She is growing up fast but is frustrated that her mother
still treats her like a child.

One day, Io finds a wax tablet and stylus in a mysterious
clearing in woods. Io is surprised to discover that one the
tablet is written a single sentence: "Hello, Io."

Who left the message? How do they know Io's name? Io
immediately decides to solve this mystery, a decision that
entangles her, her sister Eugenia, and her friend Chloe in
a thrilling and dangerous adventure.

## VIA PERICULOSA
**Level**: Beginner/Intermediate

Niceros is a Greek slave on the run in ancient Italy,
avoiding capture and seeking his one true love, Melissa.
However, a chance encounter at an inn sets in motion a
harrowing chain of events that lead to murder, mayhem,
mystery, and a bit of magic. *Via Periculosa* is loosely adapted
from the Roman author Petronius.

## IDUS MARTIAE

"Beware the Ides of March!"

It's 44 BC, and strange things are happening in
Rome. A sacrificed bull is found to have no
heart. Senators are meeting in houses secretly,
speaking in whispers and hiding in the
shadows. A soothsayer is warning people in the
streets to "beware the Ides of March."
Mysterious boxes are beginning to turn up...
containing daggers. Pompeia, her brother
Cornelius, and her friend Roscus set out to
investigate these strange happenings and soon
find themselves entangled in a web of intrigue,
deception... and murder!

## PUER EX SERIPHO

### VOL. 1. PERSEUS ET REX MALUS
### VOL 2: PERSEUS ET MEDUSA

On the island of Seriphos lives Perseus a twelve-year-old boy, whose world is about to be turned upside down. When the cruel king of the island, Polydectes, seeks a new bride, he casts his eye upon Perseus' mother, Danaë. The woman bravely refuses, setting in motion a chain of events that includes a mysterious box, a cave whose walls are covered with strange writing, and a dark family secret.

*Puer Ex Seripho* is a gripping two-part adventure based on the Greek myth of Perseus.

### VOX IN TENEBRIS

Lucanus, a Roman citizen travelling through Greece, has a big problem: he is far from home, broke, and desperate to make some quick money. A job opportunity soon comes his way, with a big reward: one hundred gold coins! The catch? Lucanus has to stay up all night with the dead body of a prominent citizen. Luccanus takes the job, even though he has heard the stories that citizens of the town whisper: tales of witches, ruthless and bloodthirsty, who wander the streets after the sun the sun goes down.

### FILIA REGIS ET
### MONSTRUM HORRIBILE
**Level**: Beginner/Intermediate

Originally told by the Roman author Apuleius, this adaptation of the myth of Psyche is an exciting fantasy adventure, full of twists, secrets, and magic. The reader will also find many surprising connections to popular modern fairy tales, such as "Cinderella," "Snow White," and "Beauty and the Beast"

Made in the USA
Columbia, SC
11 July 2025

60658856R00070